Die ersten 100 Tage

Mitarbeiter/innen schnell und erfolgreich einarbeiten

Thea Heusler

1. Auflage

Carl Link

Bibliographische Information der Deutschen Nationalbibliothek
Die Deutsche Nationalbibliothek verzeichnet diese Publikation in der Deutschen Nationalbibliografie; detaillierte bibliografische Daten sind im Internet über http://dnb.d-nb.de abrufbar.

ISBN 978-3-556-082270-2

www.wolterskluwer.de
www.kita-aktuell.de

Umschlagkonzeption: Martina Busch, Grafikdesign, Homburg-Kirrberg
Umschlagfoto: fizkes – Adobe Stock
Satz: Innodata Inc., Noida, Indien
Druck und Weiterverarbeitung: Williams Lea & Tag GmbH, München

Gedruckt auf säurefreiem, alterungsbeständigem und chlorfreiem Papier.

Inhaltsverzeichnis

Vorwort

Das Verfahren der Stellenausschreibung, die Auswahl und Einarbeitung neuer Mitarbeitender ist komplex und darf nicht unterschätzt werden. Sie beginnt mit dem Wissen, dass Sie eine Stelle neu besetzen müssen und endet mit dem Ende der Probezeit. Dazwischen liegen viele kleine Details, die für den künftigen Erfolg der Einrichtung unerlässlich sind.

Die in der Broschüre vorgestellten Abläufe habe ich zusammen mit den Teams der Einrichtungen eines großen Wohlfahrtsverbandes im Prozess der Qualitätsentwicklung erarbeitet, erprobt und kontinuierlich weiterentwickelt. Für diese Ausgabe wurden sie von mir grundsätzlich überarbeitet und ausdifferenziert.

In dem Entwicklungsprozess wurden Anforderungsprofile entwickelt, Arbeitsplatzbeschreibungen geschrieben und diese dienten als Basis für Stellenausschreibungen und auch für das Einarbeitungskonzept. Anhand von Checklisten haben Sie die Möglichkeit das, was Sie im Text lesen, auf Ihren Alltag zu übertragen. Insofern sind die Listen Anregungen, die Sie mit Ihren Anforderungen abgleichen und individuell anpassen können.

Eine Kindertageseinrichtung ist keine Blackbox, sondern ein Ort, an dem ein Träger seine Mitarbeitenden zielgerichtet einsetzt und sie dabei unterstützt, dass sie mit ihrer Kompetenz Kinder in enger Zusammenarbeit mit den Eltern begleiten. Das Handwerkszeug dafür haben alle in der Einrichtung Tätigen.

Thea Heusler

Einleitung

Wann haben Sie zuletzt die Stelle gewechselt? Wie wurden Sie empfangen und hatten Sie das Gefühl erwartet zu werden? Oder anders gefragt: Wurden Sie je eingearbeitet?

Wenn nein, dann ist das sicher darin begründet, dass in Unternehmen die Haltung vertreten wird, dass Neue ihren Beruf gelernt haben und damit das Wissen für die Stelle mitbringen. Dabei wird leider nicht beachtet, dass die Mitarbeit in einer Kindertageseinrichtung nicht allein vom Fachwissen abhängig ist, sondern in direkter Abhängigkeit steht von dem jeweiligen Träger, der angewandten Pädagogik, den stillschweigenden Regeln und, und, und.

Das ist nur ein kleines Schlaglicht auf die individuellen Profile, aber vor allem darauf, dass sich Träger und Einrichtungen die Chance nehmen im Vorfeld von Neueinstellungen nicht nur zu analysieren wer benötigt wird, sondern vor allem, was dieser neue Mitarbeitende von ihnen benötigt, um schnell mitarbeiten zu können und sich vor allem für die Einrichtung zu engagieren.

Es geht darum, Neue zu begeistern und sie an sich zu binden. Das gilt umso mehr in Zeiten des Fachkräftemangels. Ich wage die These, dass die differenzierte Einarbeitung nie wichtiger war und für die Beibehaltung der Qualität der Einrichtung unerlässlich ist. Es stärkt die Arbeitsfähigkeit, wenn Neue nicht über Versuch und Irrtum in den Alltag einsteigen müssen.

Die Art und Weise wie sich ein Arbeitgeber präsentiert – sein Personalmarketing – und neue Mitarbeitende in die Arbeit einführt und ihnen Hilfestellungen anbietet, trägt wesentlich zu dem Eindruck des neuen Arbeitsplatzes und des Trägers bei. Diese Einstiegsphase gibt Bewerbern bereits Einblick in die zielgerichtete Personalentwicklung und schafft den Rahmen, in dem es gut gelingt, Aufgaben selbständig und effizient zu erfüllen.

Fachkräftemangel führt dazu, dass die Neubesetzung von Stellen nicht verlässlich übergangslos gelingt und damit steigt die Drucksituation. Aber es geht nicht nur darum einen Mitarbeitenden zu begrüßen, sondern diesen gleichzeitig an das Team zu binden. Die ersten 100 Tage sind für alle Beteiligten von nachhaltiger Bedeutung und zeigen am Verhalten eines neuen Mitarbeitenden auch die Versäumnisse, wenn die Einarbeitung nicht gut geleistet wurde. Sie bietet die Möglichkeit das Potential früh zu erkennen, aber auch Defizite wahrzunehmen und zu thematisieren.

Eine große Chance der Akquise ist immer die Ausbildung künftiger Fachkräfte in der Einrichtung. Dadurch können langwierige Auswahlverfahren reduziert oder sogar vermieden werden. Die Ausbildungsphase ermöglicht das gegenseitige Kennenlernen. Während der Ausbildung lernen Auszubildende die Professionalität der Einrichtung kennen, ebenso ihre Kultur und auch, ob mit Spaß und Freude zusammengearbeitet wird und ob in dieser Kindertageseinrichtung die Option der Mitgestaltung durch alle Mitarbeitenden ein Alltagselement ist.

Einarbeitung bedeutet nicht, dem Team vorgestellt zu werden, die Einrichtung gezeigt zu bekommen und dabei Wissenswertes zu erfahren. Das ist nett gemeint, überflutet aber Neue und verwirrt im Nachhinein, da die vielen neuen Informationen nie präzise wiedergegeben werden können. Je differenzierter eingearbeitet wird, desto geringer sind künftige Konfliktpunkte und desto reibungsloser gelingt die Mitarbeit Neuer.

Doch was unterstützt die ersten Tage, um eine gute Integration zu ermöglichen? In dieser Broschüre werde ich verschiedene Facetten vorstellen – angefangen von der

Vorbereitung der Neubesetzung einer Stelle, dem Komplex der Ausschreibung und dem Vorstellungsgespräch. An die Personalauswahl schließt sich die differenzierte Einarbeitung an, die ich beschreibe und mittels Checklisten die Umsetzung darstelle. Das beginnt mit den Unterlagen, die für den neuen Mitarbeitenden vorzubereiten sind und der Vorbereitung des ersten Arbeitstages. Dazu gehört ebenfalls die Chronologie der Einarbeitung, um tatsächlich zielgerichtet vorzugehen und dazu gehören auch die Meilensteine im Verlauf der Probezeit und abschließend das Raster der Zielvereinbarung. Eine Mappe anzulegen, in der alle für den Mitarbeitenden wichtigen Unterlagen enthalten sind, empfiehlt sich und bietet eine gute Ausgangsbasis.

Personalentwicklung ist eine Führungsaufgabe. Die Leitung der Einrichtung steuert und begleitet die Einarbeitung. Das gilt natürlich auch für die Einarbeitung einer Einrichtungsleitung – nur, dass in diesen Fällen der Träger der Akteur der Einarbeitung und der Inhalte ist. Und vergessen Sie nicht: Auch Neue mit Berufserfahrung benötigen eine gezielte Begleitung, um sich am Arbeitsplatz orientieren zu können.

1 Erste Schritte

1.1 Ausschreibung

Die Neubesetzung einer Stelle beginnt mit der Ausschreibung, gefolgt von der Auswahl eines Bewerbers oder einer Bewerberin und natürlich der Einarbeitung. Sie bieten der Einrichtung die Chance, ihre Ziele zu prüfen, bei Bedarf neu auszurichten und auf der Basis von dem Einrichtungsprofil die Stelle auszuschreiben. Im Auswahlgespräch, das ebenfalls auf dieser Basis geführt wird, kann sich der/die Arbeitgeber/in als kompetenter Gesprächspartner mit seinem potenziellen Mitarbeitenden austauschen.

Die folgende Tabelle enthält alle Entwicklungsschritte vom Eingang der Kündigung, den Informationen an alle Akteure, die Zusammenstellung der Auswahlgruppe und die Fixierung der Daten der Stelle für die Ausschreibung.

Vorbereitung	Kriterien erfüllt?	erledigt, wann?
Kündigung geht ein		
Prüfung der Kündigungsfrist	fristgerecht?	
Information an den Träger		
Bewerbungen liegen vor?	interner Bewerberpool?	
interne Wechselwünsche?		
Ausschreibung extern – zu wann?		
Information des Teams		
Zusammenstellung Auswahlgruppe		
Absprachen der Auswahlgruppe		
Wer wird gesucht?		
Qualifikation, Stundenumfang, Betreuungsform		
Prüfung der bisherigen Ausschreibung	zu ändern?	
Fertigstellung der aktuellen Ausschreibung		
Frist der Ausschreibung	Frist	
Erstellung Eingangsliste der Bewerbungen		

Muster der Stellenausschreibung

Beschreibung Träger und Einrichtung, LOGO, Adresse Kita
Wir freuen uns auf Dich
Bezeichnung der Stelle mit Stundenumfang und Betreuungsart
Deine Aufgaben:
Betreuung, Erziehung und Bildung
engagierte Erziehungspartnerschaft mit den Eltern
Kontinuierliche Beobachtung und Dokumentation
Mitarbeit an der Weiterentwicklung der Arbeit
fundierte EDV Kenntnisse
Das ist für Dich wichtig:
Spaß an der Arbeit mit Kindern und ihren Eltern
Bildungsanspruch auf hohem pädagogischem Niveau
Selbständigkeit und Initiative
Engagierte Mitarbeit in einem sympathischen Team
Wir bieten Dir:
eine verantwortungsvolle und abwechslungsreiche Tätigkeit
kontinuierliche Fortbildung und fachliche Begleitung
Vergütung nach … (Tarifvertrag angeben)
Betriebliche Altersvorsorge
weitere Leistungen des Arbeitgebers?
Das spricht Dich an? Dann bewirb Dich bei uns bis zum TTMMJJ.
Du hast Fragen? Dann ruf uns an (Tel. NR.) oder schick uns eine E-Mail (Adresse angeben)

Das Muster der Stellenausschreibung zeigt, welche Informationen Sie den Interessierten geben sollten. Entscheidend ist die präzise Beschreibung der Stelle mit Qualifikation, Stundenumfang, Betreuungsart und ob die Stelle befristet ist. Aus Ihrem Konzept entnehmen Sie die Aufgaben und für die Rubrik *was wichtig ist* alles das, was Sie erwarten und unter der Rubrik was *wir Dir bieten* das, was Sie Ihren Mitarbeitenden anbieten können. Bitte nicht den Bewerbungsschluss vergessen!

Zwischenzeitliche Veränderungen erfordern die Überprüfung und Anpassung der Unterlagen für die vakante Stelle im Sinne von Best Practice. Sie sind erforderlich für den Erhalt der Kultur und zur Vergewisserung der vereinbarten Haltung in der Einrichtung. Leitende Fragen in diesem Prozess sind: Wen brauchen wir und wer passt zu uns?

Dabei ist bei der Umsetzung immer flexibel vorzugehen, um der Persönlichkeit der Bewerber/innen gerecht zu werden. Die einmal erarbeiteten Standards werden bei jeder Neueinstellung reflektiert und besprochen, damit sie aktuell und lebendig bleiben. Nach innen bedeutet diese Phase eine Bewusstmachung der Veränderungen und gleichzeitig die Reflexion des Arbeitsklimas und die Feststellung der Willkommenskultur.

Die Auswahlgruppe

Als Leitung einer Kindertageseinrichtung kennen Sie Ihr Team und Sie können einschätzen, zu welcher Zeit die Information über einen anstehenden Personalwechsel gut weitergegeben werden kann. Jeder Personalwechsel ist eine profunde Veränderung des Teams, die intern im Team zu begleiten ist. Das ist dann auch der Zeitpunkt an dem festgelegt wird, wer an dem Auswahlverfahren zu beteiligen ist. Idealerweise werden unmittelbare Kollegen/Kolleginnen einbezogen und eine Vertretung des Betriebsrates/der Mitarbeiter/innenvertretung.

Aufgaben der Auswahlgruppe	erledigt, wann?
Termine für Vorstellungsgespräche festlegen	
Termine für Hospitationen/ Dienstbesprechung festlegen	
Einladung zum Vorstellungsgespräch	
Raumklärung für die Gespräche	
Leitfaden für Vorstellungsgespräch aktualisieren	
Informationsunterlagen prüfen und bereitlegen	
Vorstellungsgespräche durchführen	
Mit-Entscheidung für Bewerber/in	

Die Auswahlgruppe steuert die Zeit von der Ausschreibung bis zur Entscheidung für eine/n Kandidaten/Kandidatin. Diese Kleingruppe prüft für das neue Einstellungsverfahren wie aktuell die bisherigen Unterlagen sind. Eine individualisierte Akquise ermöglicht eine gezieltere Ansprache der sich Bewerbenden. Machen Sie sich vor allem bewusst, dass sich die Kindertageseinrichtung bei den Kandidaten/Kandidatinnen bewirbt!

Bevor die Stelle ausgeschrieben werden kann, wird von der Auswahlgruppe das notwendige Zeitfenster für das Bewerbungs- und Einstellungsverfahren miteinander vereinbart – von der Ausschreibung bis zur Einstellung und ebenso die Zeit bis zum Ende der Einarbeitung.

Zeitschiene	Termin
Ausschreibung	
Ausschreibungsfrist	
Vorstellungsgespräche	
Hospitationen	
Teilnahme an Dienstbesprechung	
Entscheidung	

Mit dieser Zeitschiene werden alle Besonderheiten aus dem Alltag der Einrichtung, die in diese Zeit fallen, in den Blick genommen. Schließzeiten aufgrund von Ferien zum Beispiel können dazu führen, dass in Abstimmung mit dem Träger bewusst eine Vakanz bis zur Neueinstellung vereinbaret wird, die mit einer Vertretungskraft gefüllt wird, um die Einarbeitung unterbrechungsfrei begleiten zu können.

Kontrollliste Bewerbungen

Fügen Sie jeder Bewerbung diese Kontrollliste für Bewerbungen bei. So haben Sie jeweils ein Datenblatt mit den wesentlichen Informationen für das Auswahlverfahren.

1.2 Vorstellungsgespräch

Im Vorstellungsgespräch ist das Verhalten der Akteure prägend. Wie gelingt es den Teilnehmenden sich selbst darzustellen, aber auch die Einrichtung und den Träger? Schaffen Sie es zu überzeugen, dass der Kandidat zu dem Ergebnis kommt, dass er unbedingt in dieser Einrichtung arbeiten will?!

Kann vermittelt werden, dass es darum geht, dass alle im Team an den Zielen der Kindertageseinrichtung mitarbeiten, dass es selbstverständlich ist, dass alle mitgestalten?!

Es geht darum den pädagogischen Ansatz einladend vorzustellen und vor allem das Stellenprofil deutlich zu besprechen. Dabei steht die Persönlichkeit der Kandidaten im Mittelpunkt, er/sie wird immer wieder einbezogen und das Vorstellungsgespräch auf die Fachlichkeit des sich Bewerbenden ausgerichtet.

Gleichzeitig bekommt die Frage an die Kandidaten/Kandidatinnen Raum, was der Auslöser für die Bewerbung war, welche Ziele damit verbunden sind und welche Entwicklungsschritte er/sie für sich in den kommenden 5 Jahren sieht.

Im Vorstellungsgespräch können Kandidaten ein Grundwissen über den Träger und die Einrichtung erwarten. Der größte Redeanteil liegt beim Kandidaten, um sich gut darstellen und vorbereitete Fragen stellen zu können. Den Schwerpunkt hat dabei der fachspezifische Teil.

Kontrollliste Bewerbung	gesichtet	Besonderheiten	wird eingeladen	Termin bestätigt
Eingangsdatum				
Vollständigkeit und Aktualität				
Chronologie Lebenslauf				
Bewerber aus nicht EU Staaten: liegt Arbeitserlaubnis vor?				
Besondere Qualifikationen?				
Relevante Fort- oder Weiterbildungen?				
Besteht eine Schwerbehinderung?				

Leitfaden Vorstellungsgespräch

Begrüßung	Vorstellung der Teilnehmenden
	Skizzierung des Ablaufes und der Dauer
Wer wir sind	Träger und Organisationsstruktur
	Beschreibung der Einrichtung
	Besonderheiten
	Größe des Teams
	Leitbild/QM
	pädagogischer Ansatz
	Fortbildungen
Darstellung Kandidat	aufmerksam geworden durch?
	handlungsleitend war?
	Motivation
	aktuell beschäftigt?
	warum Wechsel?
	was ist reizvoll an der Stelle?
Fragen	zum Lebenslauf
	zu weiteren Unterlagen
	Arbeitserlaubnis erforderlich?
Fachgespräch	Offenheit für die Pädagogik
	Kenntnisse Entwicklungspsychologie
	Verständnis von guter Bildungsarbeit
	evtl. Religionspädagogik
	bekannte Beobachtungsansätze
	Dokumentationserfahrungen und EDV Kenntnisse

	Erfahrungen in der angestrebten Gruppenform
	Erfahrungen in der Zusammenarbeit mit den Eltern:
	– Erziehungspartnerschaft
	– Elterngesprächen, Elternabende an Beispielen erläutern lassen
	besondere Herausforderungen in dieser Einrichtung
	Vorbild der Kinder
	Kompetenzen
	Projektarbeit
	Beispiele und Erfahrungen
	Haltung
	Selbstbewusstsein, Verantwortungsgefühl
	Arbeit im Team
	Erfahrungen, Bedeutung und Einschätzung Teamfähigkeit
Rückfragen Bewerber	ist Vorbereitung erkennbar?
	besteht Loyalität gegenüber früheren Arbeitgebern?
Weiteres	Erwartungen darstellen anhand der Arbeitsplatzbeschreibung
	Dienstplan und Arbeitszeiten
	Flexibilität
	Tarifvertrag?
	Sozialleitungen des Trägers?
	Bedeutung Teamarbeit
	Personalentwicklung
	Fort- und Weiterbildungsmöglichkeiten
	Einarbeitung
Wie geht es weiter?	weiterer Verlauf
	Hospitation, wenn in engerer Wahl
Abschluss	Verabschiedung mit Dank und guten Wünschen

Checkliste Vorstellungsgespräch

	ja	Bemer-kungen	nein	Bemer-kungen	Resümee
Anforderungsprofil erfüllt?					
Pädagogik bekannt?					
Beobachtungsansatz bekannt?					
Erfahrungen in der Zusammenarbeit mit den Eltern?					
Kompetenzen vorhanden?					
Reaktion auf die Herausforderungen in dieser Einrichtung?					
Lust auf Entwicklung?					
Bedeutung des Vorbilds erkannt?					
wertschätzende Haltung erkennbar?					
Sensibilität erkennbar?					
Partizipation und Kinderrechte wertvoll?					
Erfahrungen QM?					
Motivation/kreative Neugierde?					
Loyalität?					
War eine Vorbereitung auf diese Einrichtung erkennbar?					

Die Checkliste Vorstellungsgespräch ermöglicht es Ihnen die Facetten aus dem Vorstellungsgespräch zu dokumentieren. Bei mehreren Kandidaten/Kandidatinnen im Bewerbungsverfahren können Sie mit der Checkliste eine Rankingliste erarbeiten, die eine sachliche Entscheidung anhand der validen Notizen ermöglicht.

Im Auswahlverfahren wird in der Zeitschiene die Hospitation der Kandidaten als Baustein mit eingeplant. Eine solide Einschätzung für die Personalentscheidung erhalten Sie, wenn Sie sich aus vielschichtigen Facetten ein klares Bild machen. Daher planen Sie genügend Zeit zum Kennenlernen für alle Beteiligten ein. Dazu kann auch eine Teilnahme an einer Dienstbesprechung gehören, um das Team, seine Arbeitsweise und Leistungsfähigkeit kennenzulernen, die Mitarbeit an gemeinsamen Zielen und um einen ersten Eindruck für den Umgang im Team zu bekommen. Diese Einblicke sind auch für die Kandidaten/Kandidatinnen wichtig, da die Auswahl und Entscheidung für die vakante Stelle für alle Beteiligten gelten.

1.3 Einstellung

Wichtig bei der Entscheidung ist die Sicherheit, dass der/die Neue passt und das es eine Entscheidung aller Teilnehmenden, die am Auswahlverfahren beteiligt waren, ist. Fachkräftemangel darf nicht dazu führen, dass Kompromisse zum Qualitätsverlust führen.

Der obere Teil der folgenden Tabelle fasst die Zustimmung aller Akteure zusammen. Im unteren Teil wird der Ablauf der Einstellung dokumentiert.

Einstellung Frau N.N./Herrn N.N. zum TT.MM.JJ

	Zustimmung	**Rückfrage**	**Ablehnung**	**Unterschrift**
erfolgt durch die Einrichtungsleitung				
in Absprache mit:				
dem Träger				
der Gruppenkollegin				
dem Betriebsrat/der MAV				
Wenn Beschluss vorliegt:				
von der Leitung zu bearbeiten:	**erledigt, wann?**			
Personalanzeige erstellen				
Bewerbungsunterlagen an die Stelle Personalsachbearbeitung geben				
Arbeitsvertrag an Träger weiterleiten				
Arbeitsvertrag mit Infomaterial nach Unterschrift an neuen Mitarbeitenden senden				
Eingangskontrolle des Vertrages des Mitarbeitenden				

2 Arbeitsfähigkeit ab dem ersten Tag

Nachdem die Personalentscheidung gefallen ist, erhält der/die Bewerber/in, für den/die Sie sich entschieden haben, mit dem Vertrag, der Schweigepflichtserklärung und der Verpflichtung auf den Datenschutz erste Informationen über den Träger zugeschickt, wie z. B. das Leitbild und auch den Flyer der Einrichtung. Mit diesem Schreiben wird der/die Bewerber/in auch über den Termin beim Arbeitsmediziner informiert, der vor dem ersten Arbeitstag liegt.

Bis zum ersten Arbeitstag wird der Arbeitsplatz von der Einrichtungsleitung vorbereitet. Dazu gehört die Bereitstellung von notwendigem Arbeitsmaterial und allen Unterlagen, die Klarheit und Sicherheit im Alltag geben sollen.

Es gilt grundsätzlich für alle Unterlagen, dass diese nicht nur überreicht, sondern auch immer besprochen werden und erst dann als bearbeitet gelten, wenn sie verstanden wurden und die Umsetzung erkennbar ist. Das gilt insbesondere für die Stellenbeschreibung, den Dienstplan und den Fortbildungsplan. Diese sind nicht selbsterklärend, sondern sind zu erläutern.

In der folgenden Tabelle sind alle vorbereitenden Tätigkeiten aufgelistet. Selbstverständlich passen Sie diese Tabelle auf Ihre Anforderungen an.

Vorbereitung 1. Tag	erledigt, Datum	Übergabe am	Unterschrift
Überprüfung Stellenbeschreibung			
Bereitstellung der Schlüssel			
Bereitstellung der Passwörter			
Urlaubskarte erstellen			
Dienstplan erstellen			
Datenschutzerklärung vorbereiten			
Belehrung vorbereiten			
Einrichtung der E-Mail-Adresse			
Erstellen des Namensschildes			
Konzept bereithalten			
Leitbild bereithalten			
QM-Unterlagen			
Fortbildungsplan bereitlegen			
kleines Begrüßungsgeschenk			

Eventuell ist bei Mitarbeitenden, die bei größeren Trägern innerhalb der Trägerstruktur die Einrichtung wechseln, zu überlegen die vorhandenen Einarbeitungsunterlagen fortzuschreiben, da einige Aspekte als vertraut vorausgesetzt werden können, wie z. B. der Umgang mit dem Schutzauftrag, die Belehrung und der Hygieneplan. Das kann auch für berufserfahrene Neue gelten.

Meine Empfehlung ist daher, dass Sie grundsätzlich für jeden neuen Mitarbeitenden eine Mappe vorbereiten, die am ersten Arbeitstag überreicht wird und die den neuen Mitarbeitenden als Handwerkszeug durch die Zeit in der Einrichtung begleitet.

Die Mappe sollte auf der ersten Seite ein Datenblatt mit der Rufnummer und E-Mail der Einrichtung und allen relevanten Ansprechpartnern enthalten. Dem Datenblatt folgt auf der zweiten Seite das Kontrollblatt mit allen Informationen, die dem neuen Mitarbeitenden zur Verfügung gestellt werden und auf dem der Eingang mit Datum bestätigt wird. Die relevanten Unterlagen werden in der von der Leitung festgelegten Chronologie eingeheftet oder übergeben. Das sind die Stellenbeschreibung, die Urlaubskarte oder der Dienstplan. Der Ablaufplan und die Checklisten der Einarbeitung werden ebenso eingeheftet.

Und nochmals, alles, wirklich alles ist zu besprechen, damit Sinn und Ziel von Anfang an vermittelt und verstanden werden. Die Mappe kann auch Blankoblätter für Notizen des neuen Mitarbeitenden enthalten.

Datenblatt der Einrichtung

LOGO der Einrichtung	
Name der Einrichtungsleitung	
Ansprechpartner beim Träger	
Rufnummer der Einrichtung	
E-Mail der Einrichtung	
Ansprechpartner/in Personalsachbearbeitung	
Ansprechpartner/in Mitarbeiter/innenvertretung/ Betriebsrat	
Name und Rufnummer Arbeitsmediziner/in	
Kooperationspartner/in	

Das Datenblatt ist individuell auszufüllen.

Kontrollblatt

	erhalten am	**Unterschrift des Mitarbeitenden**
Datenblatt der Einrichtung		
Informationen über den Träger		
Konzept der Einrichtung		
Urlaubskarte		
Übergabe Dienstplan		
Übergabe Stellenbeschreibung		
Übergabe Schlüssel		
Übergabe EDV		
Einführung Alarmanlage		
Checklisten der Einarbeitung:		
Grundlegendes		
wiederkehrende pädagogische Tätigkeiten		
Wer macht was im Team?		
Meilensteine		
	Datum	Unterschrift Träger

Das Kontrollblatt sollte von Träger und Mitarbeitendem unterzeichnet werden, um die Verbindlichkeit der Inhalte final festzuhalten.

3 Der erste Arbeitstag

3.1 Vorbereitungen

Vor dem ersten Arbeitstag eines neuen Mitarbeitenden wird im Team vereinbart, wer die Einarbeitung schwerpunktmäßig übernimmt und es wird darüber informiert, um wie viel Uhr der/die Neue am ersten Arbeitstag beginnt. So ist sichergestellt, dass er/sie erwartet wird und gleichzeitig die Erfahrung machen kann, dass die Qualität der Arbeit einen Rahmen erfordert, über den differenziert berichtet wird, damit eine gute Mitarbeit von Anfang an möglich wird.

Die weiteren Schritte werden durch das Einführungsgespräch und den Ablauf der Einarbeitung bestimmt, der sich aus den Einzelschritten der Checklisten ergibt. Der Mitarbeitende, der aus dem Team heraus die Einarbeitung übernimmt, kann diese Aufgabe mit der eines Paten gleichsetzen, denn er ist Vertrauensperson und verlässlicher Ansprechpartner. Da im Team Mitarbeitende unterschiedliche Aufgaben wahrnehmen, werden alle Arbeitskollegen/-kolleginnen zu dem guten Gelingen beitragen.

Chronologie der Vorgehensweise nach der Personalentscheidung

Abfolge der Checklisten
Vorbereitung 1. Arbeitstag
Unterlagen Mitarbeitender:
Stellenbeschreibung
Meilensteine
Grundlegendes
wiederkehrende pädagogische Tätigkeiten
Wer macht was im Team?
Zielvereinbarung

Die Chronologie der Einarbeitung ist vorgegeben und sollte in dieser Reihenfolge umgesetzt werden, damit die Einarbeitung gelingt.

Planen Sie die Einarbeitung von dem Mitarbeitenden, der/die die Einarbeitung schwerpunktmäßig verantwortet, zeitlich ein und berücksichtigen Sie diese Zeiten in den Dienstplänen. Eine differenzierte Begleitung und Unterstützung ist eine vernünftige Investition in die Arbeitsfähigkeit, den frühen selbständigen Einsatz und auch für die Integration in das Team. Es ist selbstverständlich, dass die Einarbeitung auf Augenhöhe stattfindet und der/die einarbeitende Kollege/Kollegin durch Professionalität überzeugt. In dieser Phase der engen Zusammenarbeit werden die Identifikation und die Begeisterung des Teamkollegen/-kollegin am unmittelbarsten erfahrbar.

Die Gestaltung des ersten Tages ist von zentraler Bedeutung für die Arbeitshaltung der/des Neuen und damit auch für den Betrieb. Arbeitsrechtlich relevante Informationen werden von der Leiterin vermittelt und pädagogische Inhalte durch die/den unmittelbare/n Kollegen/Kolleginnen.

Muster Stellenbeschreibung

Arbeitgeber	
Tätigkeit	Aufgabe in der Einrichtung, z.B. sozialpädagogische Fachkraft, Gruppenleitung
Eingruppierung	analog zu bestehendem Tarifvertrag
Kernaufgaben	Die sozialpädagogische Fachkraft nimmt ihre Aufgaben gemäß der vertraglichen Vereinbarungen wahr. das sind: – die Leitung der Gruppe, – die Umsetzung der Pädagogik gemäß der Konzeption, – die Erarbeitung eines anregenden Umfeldes und – beständiger Bildungsimpulse, – die Erarbeitung kontinuierlicher Ziele – die engagierte Mitarbeit im Team, – die Umsetzung des Datenschutzes.
Gruppenebene	Jede sozialpädagogische Fachkraft trägt die Verantwortung für die Weiterentwicklung ihrer Gruppe. Sie ist sich ihrer Vorbildfunktion bewusst. Sie ist zusammen mit dem/der Kollegen/Kollegin verantwortlich für die Fortschreibung und Umsetzung der pädagogischen Arbeit in der Gruppe. Die Pflege des Materials und Mobiliars des Gruppenraums ist Bestand der pädagogischen Arbeit. Die Zusammenarbeit mit dem Team ist selbstverständlich. Über aktuelle Vorkommnisse ist die Leitung umgehend zu informieren. Die sozialpädagogische Fachkraft wird in Abwesenheit vertreten. Die Übernahme weiterer Aufgaben (z.B. Ersthelfer, MAV, Sicherheitsbeauftragte) ist erwünscht.
päd. Schwerpunkte	Sie trägt die Verantwortung für die individuelle Förderung von jedem Kind ihrer Gruppe. Dazu gehört die kontinuierliche Beobachtung und Dokumentation. Eine kontinuierliche, transparente und vertrauensvolle Zusammenarbeit mit den Eltern ist selbstverständlich. Die Verfügungszeit dient der Entwicklung der pädagogischen Arbeit und der der Kinder. Fachlicher Austausch im Team ist erforderlich und setzt Urteilsfähigkeit voraus, sowie Respekt und Aufgeschlossenheit. Ausbildung bedeutet verantwortungsvolle Begleitung und Beratung von Auszubildenden. Die eigene Fachlichkeit ist durch kontinuierliche Fort- und Weiterbildung auszubauen.

Arbeitgeber	
Rechte und Pflichten	Dienstliche Besprechungen sind verpflichtend. Sie ist verantwortlich für die kontinuierliche Dokumentation der pädagogischen Arbeit in der Gruppe. Dazu gehören das Gruppentagebuch, die Dokumentation der Elterngespräche und die Dokumentation der Beobachtung.
Öffentlichkeitsarbeit	Die sozialpädagogische Fachkraft vertritt die Kindertagesstätte in Kenntnis und auf Weisung der Leitung nach außen. Freundlichen Umgangsformen im Alltag sind selbstverständlich.

Datum	Datum	Datum
Träger	Einrichtungsleitung	Mitarbeiter/in

Passen Sie das Muster der Stellenbeschreibung an das Profil der Stelle an.

Über den Verlauf der Einarbeitung mit allen Aufgaben – auch den Aufgaben, die zunächst noch nicht übertragen werden – muss das Team informiert sein, um mit Verständnis weiter mitarbeiten zu können. Die strukturierte Einarbeitung ermöglicht es Klarheit zu geben über das Spezifische der Einrichtung und bewirkt bei allen Beteiligten die entscheidenden Facetten im Blick zu behalten. Klarheit und Offenheit von Anfang an unterstützen es die gegenseitigen Erwartungen anzusprechen und abzustimmen. Alle wesentlichen Schritte/Termine werden dokumentiert und sind damit verbindlich. Die Individualität des/der Neuen ist dabei zu beobachten und flexibel zu begleiten, damit wird Starrheit vorgebeugt.

Checkliste Grundlegendes

	erledigt, Datum
Wie melde ich mich am Telefon?	
Bis wann melde ich mich krank?	
Dokumentation der Arbeitszeiten	
Professionalität und Distanz	
Umgang mit dem Sozialgeheimnis	
Umgang mit Kunden und im Team	
Einverständniserklärungen	
Wir achten aufeinander achten und hören zu.	
Wir unterstützen uns gegenseitig im Team.	
Rauchverbot in der Einrichtung	
Kein privates Handy im Gruppenraum!	
Genehmigungspflicht Nebentätigkeit	
Die Teilnahme an Besprechungen ist verbindlich.	
Rhythmus der Besprechungszeiten	
Protokolle sind bis zum nächsten Termin zu lesen.	
Rechte der Kinder	
Umsetzung Schutzauftrag gemäß § 8a	
Infektionsschutzgesetz	
Umgang mit Medikamenten	
Pflege Verbandbuch	
Umgang mit Unfallbögen	
Hygieneplan der Einrichtung	
Literatur und Fachzeitschriften	
QM-Handbuch durchgehen	
Haus- und Gruppenregeln	

	erledigt, Datum
Brandschutzübung	
Erste Hilfe am Kind	
Fortbildung Sicherheitsbeauftragte/r	
DLRG Schein (wenn Schwimmen mit Kindern)	
Inventarlisten	
Reparaturlisten	

Die Auflistung des Grundlegenden ist so aufgebaut, dass am Anfang die entscheidenden Informationen stehen. Es folgen Grundlagen und abschließend die Inhalte, die erst am Ende der Probezeit relevant werden oder daher zurückgestellt werden können. Das Tempo der Vermittlung wird von den Lernfortschritten des/der Neuen bestimmt.

Für die unterschiedlichen Facetten der Einarbeitung ist zur gegenseitigen Absicherung die Checkliste unterstützend, die nach der Bearbeitung durch die Unterschriften oder die Abzeichnung der Beteiligten Verbindlichkeit herstellen. Sie geben die Richtung vor und verteilen die erforderlichen Inhalte über ein definiertes Zeitfenster. Ein Neuanfang ist herausfordernd und eine Überfrachtung sollte zu Gunsten der/dem Neuen vermieden werden, da Inhalte Gefahr laufen in der Flut vergessen zu werden.

3.2 Der/die neue Mitarbeiter/in ist da

Der/die Kollege/Kollegin ist da und wird mit einem Blumenstrauß oder einem Kaffeebecher mit dem LOGO der Einrichtung oder, oder ... willkommen geheißen. Der/die unmittelbare Kollege/Kollegin übernimmt den Rundgang durch das Haus und die Vorstellung der Arbeitskolleginnen, erklärt Zeitabläufe, unterstützt die schriftliche Vorstellung an der Pinnwand für das Kennenlernen durch die Eltern und Kinder.

Formale Aspekte über die die Leitung am ersten Tag informiert:

Wie melde ich mich am Telefon, wie ist der Umgang mit Kunden und im Team, bis wann melde ich mich krank, die Dokumentation der Arbeitszeiten, Aushändigung und Besprechung der Stellenbeschreibung (*siehe Checkliste Grundlegendes*). Sie erklärt den Rhythmus der Besprechungszeiten und den Umgang mit dem Sozialgeheimnis (nicht im Beisein von Unbefugten über personenbezogene Inhalte sprechen, personenbezogene Daten dürfen nur autorisierten Personen zugänglich sein, mit Sozialdaten sorgsam am Telefon und Fax umgehen) und dass kein privates Handy im Gruppenraum gestattet ist. Sie kann auch schon frühzeitig darauf hinweisen, woher Informationen bezogen werden, die für alle Mitarbeitenden wichtig sind.

Pädagogische Inhalte wie der Tagesablauf in der Gruppe, die Grundsätze der Pädagogik gemäß dem Konzept und den Schwerpunkt der Einrichtung werden von der Leitung zusammen mit dem/der Paten/Patin vermittelt. Der/die Pate/Patin erklärt auch die Gruppenregeln, sie stellt nach und nach die wiederkehrenden pädagogischen Tätigkeiten vor und gibt erste Informationen zu einzelnen Kindern.

Die Tabelle *Wiederkehrende päd. Tätigkeiten* erstellen Sie, indem Sie die Aspekte Ihres Konzeptes aufnehmen und im Kalender alle kontinuierlich wiederkehrenden Tätigkeiten auflisten.

Wiederkehrende päd. Tätigkeiten
Beobachtung
Entwicklungsgespräch mit Eltern
Zusammenarbeit mit Institutionen
temporäre Förderprogramme
Umsetzung Orientierung-/Bildungsplan
Neuaufnahme Kinder
Informationsabende für Eltern
Themenabende für Eltern
Teilnahme an der Beiratssitzung
Zielvereinbarungsgespräch
Jahresplanung der Einrichtung
Teilnahme an AGs
Ausbildung Fachschüler
Mitarbeit an der Öffentlichkeitsarbeit

Wichtig für alle ist die Reflexion der Kultur der Einrichtung. Die Mitarbeitenden, die schon länger in der Einrichtung tätig sind, gehen auf Neue zu und zeigen vom ersten Tag an Interesse und Offenheit. Damit unterstützen alle das Angenommen sein und das Ankommen. Neue werden entlastet, da sie sich nicht alles selbst zusammensuchen müssen, sondern sie werden begleitet.

Es ist wichtig, von Anfang an die Professionalität des/der Neuen einzubeziehen, konkrete Aufgaben zu vereinbaren und diese mit ihm/ihr im Blick zu behalten. Dabei empfiehlt es sich die Strategie zu verfolgen den Anspruch von einfachen zu differenzierten Aufgaben zu steigern. Das ist insbesondere für Berufsanfänger sehr wichtig.

3.3 Meilensteine

Legen Sie mit dem/der neuen Mitarbeiter/in Meilensteine fest. Jeder Meilenstein verdeutlicht den Erfolg des Vorangegangenen. Die Maßnahmen werden zusammen mit dem/der Neuen zusammengestellt. Die zeitliche Reihenfolge ist vom Tempo des/der Neuen abhängig.

Das Tempo wird von Meilenstein zu Meilenstein gesteigert und über die gesamte Einstiegsphase ist das individuelle Tempo und das vorhandene Wissen des neuen Mitarbeitenden zu berücksichtigen.

Ich empfehle den Radius eines Neuen zu beschränken. Zunächst auf die eigene Gruppe/zu betreuende Kleingruppe. Wenn die Arbeit hier gut gelingt, erweitern Sie die Arbeit um den Aspekt der Zusammenarbeit mit den Eltern dieser Gruppe, dann die Kooperation mit der Nachbargruppe und schließlich bauen Sie die gesamte Kindertageseinrichtung mit ihren Aufgaben in das Aufgabenportfolio ein.

Zu Beginn die Verantwortung für Elterngespräche herauszunehmen ist so lange sinnvoll bis alle Kinder vertraut mit der/dem neuen Mitarbeiter/in sind. Das belastet vorübergehend den/die Gruppenkollegen/-kollegin, ist aber eine konkrete Stärkung des/der Neuen.

In den ersten Tagen/Wochen sollten Sie als Leitung und der/die Pate/Patin den/die neue Mitarbeitende »ausbremsen« und vor sich selbst schützen, zum Beispiel sollten Sie ihn/sie noch nicht zur Vertretung oder in Sonderöffnungen einsetzen. Wenn noch Unsicherheiten vorliegen und die Sicherheit im Haus fehlt, hilft das niemandem, wenn ein/e Neue/r sich engagieren möchte. Das gilt ebenso für die Eingewöhnung von Krippenkindern oder die Pflege eines Kindes, so lange die Beziehung noch nicht aufgebaut ist.

Kleine Kindertageseinrichtungen erfordern stärker die Allrounder, die schnell alle Aspekte abdecken können und flexibel und spontan reagieren können – sei es in der Vertretung oder bei der Aufnahme von Kindern. Das Wissen voneinander ist wichtig, je kleiner eine Kindertageseinrichtung ist. In einer kleinen Einrichtung wird sehr viel enger zusammengearbeitet, da einander nicht ausgewichen werden kann. Das macht auch deutlich, warum in kleinen Einrichtungen das Team als familiär wahrgenommen wird.

Fortschritte festhalten – oder – Was mir wichtig ist

1. Meilenstein Erster Monat Basiswissen Gruppenebene	**2. Meilenstein** zweiter Monat Detailwissen Zusammenarbeit Eltern	**3. Meilenstein** nach drei Monaten Selbständigkeit Kita Ebene
Maßnahmen hinterlegen Status festlegen:	Maßnahmen hinterlegen Status festlegen:	Maßnahmen hinterlegen Status festlegen:
geplant	geplant	geplant
in Arbeit	in Arbeit	in Arbeit
erledigt	erledigt	erledigt

4 Der Weg zur Selbstständigkeit

Der rote Faden ist das Konzept der Einrichtung. Das gibt Orientierung, erfordert schnelle Arbeitsfähigkeit, Identifikation und 1:1-Umsetzung der Inhalte. Für die gesamte Zeitspanne ist die Präsenz der Leitung sehr wichtig. Sie ist das Vorbild, trägt zur Bindung an die Einrichtung bei und beobachtet den Prozess der Einarbeitung.

Wenn das Basiswissen vermittelt wurde und im Alltag umgesetzt wird, erläutert die Leiterin den Umgang mit dem PC, die Bearbeitung von Unfallbögen, meldepflichtigen Krankheiten und dem Verbandbuch. Dazu gehört auch, dass Protokolle bis zur nächsten Sitzung zu lesen sind, wenn an einer Sitzung nicht teilgenommen werden kann. Jetzt kann es auch unterstützend sein darüber zu informieren, wer in der Einrichtung wofür zuständig ist.

In die erste Spalte der Tabelle (siehe unten) sind die aktuellen Potentiale einzutragen und mit dem Namen des Mitarbeitenden in der Folgespalte zu hinterlegen. Die Aufgaben im Team sind anzupassen und auch mit dem Namen zu konkretisieren. Diese Informationen erhält der/die Neue ergänzend zur Beschreibung schriftlich anhand der Checkliste und sie werden immer wieder in Beziehung gebracht mit dem Alltag, um über das Erleben einen guten Einblick und damit ein tieferes Verständnis zu erreichen.

Gerade in der ersten Zeit ist es wichtig, immer wieder Möglichkeiten zu schaffen, dass viel gefragt werden kann. Beobachten Sie im Alltag, ob die Einarbeitung störungsfrei verläuft und reflektieren Sie die Situationen miteinander. Dabei ist es handlungsleitend nicht auf Fragen zu warten, sondern die Weitergabe von Informationen als ein Recht des/der Neuen anzusehen. Um regelmäßige Gespräche zu sichern, terminieren Sie diese fest. Die Gespräche sind für alle Beteiligten verbindlich. Natürlich werden auch die Rechte der Mitarbeitenden erläutert und die Möglichkeiten der Mitarbeit.

Für Neue ist es in dieser Phase wichtig zu erfahren, welche Erwartungen der neue Arbeitgeber hat, um die Unternehmenskultur immer intensiver mitzuerleben und verstehen zu können. In den Besprechungen haben Neue die Chance möglichst viele Aufgaben und auch die verschiedenen Kollegen/Kolleginnen und Vorgesetzte kennenzulernen – und gleichzeitig bekommen sie ein Gespür für die Abläufe und den Umgang im Unternehmen.

Wer macht was im Team?

Stärken und Potentiale	**Name**	**Aufgaben im Team**	**Name**
		Sicherheitsbeauftragte	
		Hygienebeauftragte	
		Brandschutzhelfer/in	
		Betriebsrat/MAV	
		Teilnahme an Sitzungen im Sozialraum	

Es ist sinnvoll in den ersten Wochen vor jedem Wochenende eine kurze verbindliche Reflexionseinheit fest zu vereinbaren. Sich wiederholende Themen sind:

- Wie war die Woche?
- Welche Ziele stehen in der kommenden Woche an?
- Was benötige ich dafür?

Zum Alltag gehört es, das Wissen miteinander zu teilen und immer wieder nach dem *Warum* zu fragen:

- Warum?
- Warum so?
- Warum nicht anders?

und einander ernst zu nehmen und zuzuhören. Dass Fragen und das in Frage stellen, schützen Leitung und Team vor der Betriebsblindheit. Das erfordert von allen die Fähigkeit gute Antworten zu geben. *»Wir machen es so, weil …«* stellt Transparenz her. Diese Vorgehensweise befördert die Reflexion und Aufdeckung inoffizieller Regeln. Diese sind zu identifizieren und bekannt zu machen. Zum Beispiel: Wir sprechen miteinander und nicht übereinander.

Mit neuen Mitarbeitenden besteht für das Team die Chance, den/die Neue als »Analysator/in« des Betriebes zu nutzen und das, was vom Team in der Betriebsblindheit nicht mehr gesehen wird, vom Neuen hinterfragen zu lassen. Daher sind diese Fragen produktiv, auch wenn sie noch so trivial erscheinen.

Die Einführung in die Fehlerkultur ist Bestandteil der Einarbeitungszeit und wird einerseits erlebt und andererseits von der Leitung beschrieben. Einen Fehler zu verantworten und daraus zu lernen, steht dabei im Vordergrund. Scheitern als Chance kann anhand von Beispielen als Teil der Kultur der Einrichtung erfahren werden. Zudem stärkt es stärkt die Risikofreude und nimmt die Angst.

Die Analyse ist dabei wichtig. Warum ist ein Fehler entstanden? Weil nicht gut eingearbeitet wurde? Ist der Mitarbeitende noch unsicher? Liegen Defizite in der Person begründet vor? Der kontinuierliche Verbesserungsprozess der Einrichtung wird durch das Nachdenken und die Begründung befeuert und kann zur nachhaltigen Veränderung führen.

In den folgenden Wochen steht die Zunahme an selbständiger Arbeit in der Gruppe, mit den Eltern und im Team im Vordergrund. Eigenverantwortliches Handeln ist, unabhängig von den Erwartungen, vielmehr in Einschätzung des Notwendigen ohne Vergewisserung, als bewusste Entscheidung und Verantwortung zu verstehen. Jeder Beitrag ist wertvoll, wenn er reflektiert ist.

Die Abstände zwischen den wöchentlichen Reflexionsgesprächen werden nach der Hälfte der Probezeit größer. Im Mittelpunkt bleibt die Frage, ob noch Informationen fehlen und ob die gegenseitigen Erwartungen erfüllt werden? Nichts ist so wertvoll wie die Perspektive eines anderen. Die Basis dafür sind Toleranz, Flexibilität und Vertrauen.

Bestandteil des Einarbeitungskonzeptes sind kontinuierliche Termine, um in dem damit verbundenen Rhythmus die Einarbeitung zu gestalten und auch einen Endpunkt zu setzen, an dem alles Wissen für eine erfolgreiche Mitarbeit vermittelt und umgesetzt sein soll. Diese gliedert sich durch die Chronologie der Einarbeitung, die Meilensteine und die Verselbständigung in der 2. Hälfte der Probezeit.

5 Nach 100 Tagen

Woran erkennen Leitung und Team, dass die Einarbeitung erfolgreich beendet werden kann?

Natürlich gibt es auch zu diesem Zeitpunkt das »Bauchgefühl«. Fassen lässt es sich aber schließlich an Veränderungen, die von einem neuen Mitarbeitenden vorgenommen werden – im Gruppenraum oder dem übernommenen Bereich. Daran wird erkennbar, dass die Auseinandersetzung und Reflexion zu neuen Ideen und Vorstellungen geführt haben.

Die geleistete Arbeit ist gut, die Motivation ist hoch und auch die Zufriedenheit ist groß. Auch Fragen zeigen, dass Verantwortung übernommen wird, dass sich der Blick auf das Ganze geweitet hat und vielfältige Facetten reflektiert werden. Ein wichtiges Indiz ist die Übernahme von mehr Verantwortung oder die kreative Mitarbeit in Projekten.

Die Begleitung durch Kollegen und Kolleginnen ermöglicht die Reflexion, wenn etwas nicht gut gelingt und daraus einen Lernprozess zu entwickeln – also ins Positive zu wandeln und damit auch in dieser Hinsicht eine positive Fehlerkultur grundzulegen.

Ankommen im Team bedeutet füreinander da zu sein. Man sieht, wann man gebraucht wird und wird nicht erst nach Aufforderung tätig. Jede/r Mitarbeiter/in hat letztendlich den Wunsch, zum Ergebnis beitragen zu können. Es zeigt, dass die Anforderungen und Abläufe vertraut geworden sind und erkannt wurde, dass es wichtig ist »an einem Strang zu ziehen« und nicht immer wieder das Rad neu zu erfinden.

Unterstützend ist der Austausch untereinander. In großen Teams, mit unterschiedlichen Professionen im Team, besteht die Chance die Inhalte der Aufgaben voneinander zu erfahren, einander persönlich kennenzulernen, miteinander Spaß zu haben, einander auch offen und humorvoll zu begegnen, aber auch auszuhalten, dass jemand eine andere Einstellung hat.

Eine valide Einschätzung, ob die Entscheidung richtig war, braucht Zeit. Die Dokumentation der Einarbeitung hilft bei der abschließenden Entscheidung. Messgrößen sind neben den Checklisten der Einarbeitung die Qualität der Arbeit, die Verlässlichkeit, die Motivation, die Identifikation und die Vertrauensbasis.

Das Abschlussgespräch

Wenn die Einarbeitung abgeschlossen ist, beenden Leitung und Neue/r die Probezeit mit einem Abschlussgespräch, das alle Aspekte aus den Checklisten aufgreift und Ausblick nimmt auf die nächsten Schritte.

Das Abschlussgespräch verdeutlicht das Ende der Probezeit und leitet über in die kontinuierliche Arbeitsphase in der Einrichtung. Damit ist auch dieses Gespräch ein Meilenstein, der die komplette Probezeit mit den Entwicklungsschritten würdigt und durch die unterschiedlichen Reflexionspunkte aus der Checkliste das Vertrauen weiter aufbauen soll. Die Checkliste dient in diesem Fall mehr der Orientierung für das Gespräch und sollte individuell aus den gemeinsamen Erfahrungen während der Probezeit angepasst werden.

Sowohl Leitung als auch die/der Neue haben die Möglichkeit, gemeinsame Erfahrungen auszutauschen und Vereinbarungen zu den Aspekten zu treffen, die aus Sicht der Beteiligten vertieft werden können.

Personal- und Zielvereinbarungsgespräche

Im Team braucht es die Erkenntnis, dass jede/r seine Entwicklungszeit hat. Für das Ankommen im Team ebenso, wie für die Realisierung von strategischen oder persönlichen Zielen. Dieses Wissen ermöglicht es zu verstehen, dass immer mal Kollegen/Kolleginnen Ressourcen erhalten, die zusätzlich zum Alltag sind. Diese Ausgewogenheit vermeidet Spannungen, wenn klar ist, »dass jeder mal dran ist«.

Die Leitung unterstützt diese Entwicklung, indem sie Personal- und Zielvereinbarungsgespräche mit jedem Mitarbeitenden führt. Das ermöglicht ihr, die Potentiale im Team zu erkennen. Zur Förderung der einzelnen Teammitglieder macht sie regelmäßig auf Weiterqualifizierungen aufmerksam und bietet gemeinsame Aktionen im Team an, z.B. Studientage oder Exkursionen. Einzelaufgaben für Mitarbeitende können es ebenfalls sein, die die Qualität der Kindertagesstätte unterstützen.

Checkliste Abschlussgespräch	**Bemerkungen**	**Vereinbarung**
aus der Ausschreibung		
Erziehungspartnerschaft mit den Eltern		
Beobachtung, Dokumentation im Kontext der Entwicklungspsychologie		
Weiterentwicklung der Arbeit		
EDV-Kenntnisse		
aus der Checkliste Vorstellungsgespräch		
Verständnis von guter Bildungsarbeit		
Erziehungspartnerschaft		
Einsatz der Kompetenzen		
Haltung		
Arbeit im Team		
aus dem Kontrollblatt		
Gut informiert über den Träger?		
Umsetzung der Konzeption der Einrichtung		
Erfahrung aus den Meilensteinen		
Grundlegendes wird umgesetzt?		

Muster Zielvereinbarung

Zielvereinbarung 20..

Teilnehmer:

Mitarbeitender Leitung

Termin des letzten ZV Gespräches:

Jahresrückblick mit Zielerreichungsgrad

neue Entwicklungsziele	priorisiert	Ziel	Maßnahme	bis wann
strategische und *persönliche Ziele*		1.		
		2.		
		3.		

Feedback

Unterschriften

Mitarbeitender Leitung

Hier finden Sie ein mögliches Raster für ein Zielvereinbarungsgespräch. Die Umsetzung von Zielvereinbarungsgesprächen setzt eine Weiterbildung der Leitung voraus.

Stichwortverzeichnis

Erleichtern Sie sich Ihren Alltag mit unseren Praxishilfen!

Pföhler / Weber
Der Konzeptionstag

Schritt für Schritt zum pädagogischen Profil

1. Auflage 2017, 52 Seiten,
€ 19,95

ISBN 978-3-556-07317-9

Aus dem Inhalt:
- Phasen der Konzeptionsentwicklung
- Analyse des aktuellen Erscheinungsbildes
- Die Konzeption als offizielles Dokument
- Checklisten zur Überprüfung der Konzeption
- Kreative Methoden

Heusler
Die ersten 100 Tage

Mitarbeiter/innen schnell und erfolgreich einarbeiten

1. Auflage 2019, ca. 30 Seiten,
€ 19,95

ISBN 978-3-556-08227-0

Aus dem Inhalt:
- Von der Ausschreibung bis zur Einstellung
- Arbeitsfähigkeit ab dem ersten Tag
- Der erste Arbeitstag
- Der Weg zur Selbstständigkeit
- Nach 100 Tagen – Abschlussgespräch und Zielvereinbarung

Wede
Das Wickelbuch

Dokumentationsbögen, Hinweise und Anregungen für das tägliche Wickeln und zur beziehungsvollen Pflege

1. Auflage 2019, 112 Seiten,
€ 14,95

ISBN 978-3-556-08043-6

Aus dem Inhalt:
- Dokumentationsbögen
- Rechtliche Informationen
- Praktische Hinweise zum
- Wickelablauf
- Hygienevorschriften
- Checkliste
- Spiele, Lieder, Reime

Jakobs-Neumeier / Haller
Mitarbeitergespräche in der Kita leicht gemacht

Leitfäden und Praxistipps für die 7 häufigsten Gesprächssituationen

1. Auflage 2020, ca. 50 Seiten,
€ 19,95

ISBN 978-3-556-08206-5

Aus dem Inhalt:
- So profitieren Sie und Ihr Team von Mitarbeitergesprächen
- 10 hilfreiche Glaubenssätze
- Wie Sie Gespräche professionell planen
- Leitfäden für die 7 häufigsten Gesprächssituationen

diakonie inhouse / Dr. Märzheuser / Schwede / Reiber-Gamp / Lange
Aktionspaket „Gesunde Kita"

€ 45,95 ISBN 978-3-556-06566-2

Sie sparen 20% gegenüber dem Einzelkauf und erhalten gratis als Geschenk das Poster »Saubere Hände in der Kita« dazu!

Das Aktionspaket »Gesunde Kita« enthält die folgenden 3 Praxishilfen: Rahmenhygieneplan für die Kita, Sichere Kita und Erste-Hilfe-Karten für die Kita

Die Kita-Poster
Wichtige Kontakte – Erste Hilfe – Anti-Stress

€ 5,95 Art.-Nr. 98002505

Aus dem Inhalt:
- Wichtige Kontakte für den Notfall
- Erste Hilfe auf einen Blick
- Die Fünf W´s für den Notruf
- Ideen für Fünf-Minuten-Pausen
- Tipps gegen Stress

Diese und weitere Formularbroschüren finden Sie auf **www.kita-aktuell.de!**

SHOP www.kita-aktuell.de

Wolters Kluwer

Wolters Kluwer Deutschland GmbH ▪ Güterstraße 8 ▪ 96317 Kronach
Telefon 0800 6644531 ▪ Telefax 09261 9694111
www.wolterskluwer.de ▪ kita@wolterskluwer.de